D0548898

Biomas donde yo vivo

Vivo cerca de un lago

Seth Lynch

Traducido por Alberto Jiménez

Please visit our website, www.garethstevens.com. For a free color catalog of all our high-quality books, call toll free 1-800-542-2595 or fax 1-877-542-2596.

Cataloging-in-Publication Data

Names: Lynch, Seth.
Title: Vivo cerca de un lago / Seth Lynch, translated by Alberto Jiménez
Description: New York : Gareth Stevens, 2017. | Series: Biomas donde yo vivo | Includes index.
Identifiers: ISBN 9781482462357 (pbk.) | ISBN 9781482462364 (library bound) | ISBN 9781482461466 (6 pack)
Subjects: LCSH: Lakes–Juvenile literature.| Lake ecology–Juvenile literature.
Classification: LCC GB1603.8 L96 2017 | DDC 577.63–dc23

Published in 2017 by
Gareth Stevens Publishing
111 East 14th Street, Suite 349
New York, NY 10003

Translator: Alberto Jiménez
Editorial Director, Spanish: Nathalie Beullens-Maoui
Editor, English: Kristen Nelson
Designer: Andrea Davison-Bartolotta and Bethany Perl

Photo credits: p. 1 Irina Mos/Shutterstock.com; pp. 2–24 (background texture) wongwean/Shutterstock.com; p. 5 bikeriderlondon/Shutterstock.com; p. 7 Galyna Andrushko/Shutterstock.com; p. 9 (main photo) Evgeny Sayfutdinov/Shutterstock.com; p. 9 (map) Ridvan EFE/Shutterstock.com; p. 11 EvgenySHCH/Shutterstock.com; p. 13 Auhustsinovich/Shutterstock.com; p. 15 Nicola Bertolini/Shutterstock.com; p. 17 (plankton) MaryValery/Shutterstock.com; p. 17 (girl) Olga1818/Shutterstock.com; p. 17 (eagle) Tomacco/Shutterstock.com; p. 17 (arrows) schab/Shutterstock.com; p. (background) Dzm1try/Shutterstock.com; p. 17 (fish) Graphicworld/Shutterstock.com; p. 19 (Lake Superior) John McCormick /Shutterstock.com; p. 19 (map) IndianSummer/Shutterstock.com; p. 21 itakdalee/Shutterstock.com.

Printed in the United States of America

CPSIA compliance information: Batch #CW17GS: For further information contact Gareth Stevens, New York, New York at 1-800-542-2595.

CONTENIDO

Las palabras del glosario se muestran en **negrita** la primera vez que aparecen en el texto.

Importantes y divertidos

Los lagos son unos sitios estupendos donde se puede nadar, pescar o navegar. ¡Tal vez tengas uno en tu jardín! Son también un importante **bioma**; muchas plantas crecen alrededor y dentro de los lagos. Los lagos **proporcionan** comida y agua tanto a los animales como a los seres humanos.

Características de los lagos

Un lago es una gran masa de agua rodeada de tierra. El terreno que lo **circunda** puede ser rocoso, arenoso o fangoso, dependiendo de dónde esté. Algunos lagos tienen bosques a su alrededor y otros, casas o carreteras.

La mayoría de los lagos son de agua dulce; un lago puede tener muchas millas de orilla a orilla y cientos de pies de profundidad. El lago más profundo de la Tierra es el Lago Baikal, en Asia Central. ¡En su punto más profundo alcanza los 5,370 pies (1,637 m)!

Lago Baikal
Asia

Fauna

En los lagos y en sus cercanías viven muchos animales diferentes. Peces como la trucha o la perca son comunes en muchos lagos, igual que las culebras. Ciertas aves, como los patos, utilizan los lagos para anidar y buscar alimento.

Las plantas se han **adaptado** a la vida en los lagos. Algunas tienen raíces muy fuertes para mantenerse en su sitio con el movimiento del agua; otras tienen tallos **flexibles** que les permiten moverse con el agua. ¡Las lentejas de agua flotan sobre la superficie!

lenteja de agua

El plancton es un importante grupo de **organismos** que vive en los lagos. Incluye plantas y animales diminutos de los que se alimentan insectos, caracoles y otros animales pequeños. También incluye ciertas algas, organismos parecidos a las plantas que crecen en los lagos.

Red alimentaria

¡El bioma que constituye el lago de tu jardín alberga una **red o cadena alimentaria**! El plancton alimenta a peces pequeños o insectos, los peces más grandes se comen a los de menor tamaño y a los insectos y, finalmente, las aves, los **mamíferos**, e incluso los seres humanos, se comen a los peces grandes.

águila
pez grande
pez pequeño
plancton

Grandes Lagos

Los lagos Superior, Hurón, y Michigan se cuentan entre los más grandes de la Tierra. Son parte de los cinco Grandes Lagos, situados en la frontera entre Estados Unidos y Canadá. Cada uno de esos Grandes Lagos tiene su propio bioma.

Lago
Superior
Canadá
MN
Lago
Michigan
WI
MI
Lago
Hurón
Lago
Erie
Lago
Ontario
NY
Estados
Unidos
PA
IA
IL
IN
OH
Lago Superior

Cuida tu lago

La basura y otras formas de **contaminación** son perjudiciales para los lagos. Otro problema es que, a veces, los seres humanos utilizan una cantidad excesiva de agua; un lago no es simplemente algo que hay en tu jardín. Es el hogar de muchos animales y plantas. ¡Mantenlo limpio y no lo derroches!

GLOSARIO

adaptarse: cambiar para soportar mejor las condiciones ambientales.

bioma: comunidad natural de plantas y animales, como un bosque o desierto.

circundar: rodear completamente.

contaminación: la basura u otro material que puede dañar un área.

flexible: que puede doblarse con facilidad.

mamífero: animal de sangre caliente que tiene espina dorsal y pelo, respira aire y amamanta a sus crías.

organismo: ser viviente.

proporcionar: suministrar lo necesario.

red o cadena alimentaria: el modo en el que los animales y las plantas pasan energía de unos a otros dentro de una comunidad.

PARA MÁS INFORMACIÓN

LIBROS

Kopp, Megan. *Rivers and Lakes Inside Out.* New York, NY: Crabtree Publishing, 2015.

Silverman, Buffy. *Let's Visit the Lake.* Minneapolis, MN: Lerner Publications, 2017.

SITIOS DE INTERNET

Freshwater

kids.nceas.ucsb.edu/biomes/freshwater.html

Lee sobre las plantas y los animales que viven en biomas de agua dulce.

Great Lakes Water Life Photo Gallery

www.glerl.noaa.gov/seagrant/GLWL/Fish/Fish.html

¿Qué peces viven en los Grandes Lagos? ¡Descúbrelo aquí!

Sitios de Internet: Nota del editor a los educadores y padres: nuestro personal especializado ha revisado cuidadosamente estos sitios web para asegurarse de que son apropiados para los estudiantes. Muchos sitios web cambian con frecuencia, por lo que no podemos garantizar que posteriores contenidos que se suban a esas páginas cumplan con nuestros estándares de calidad y valor educativo. Tengan presente que se debe supervisar cuidadosamente a los estudiantes siempre que tengan acceso al Internet.

ÍNDICE